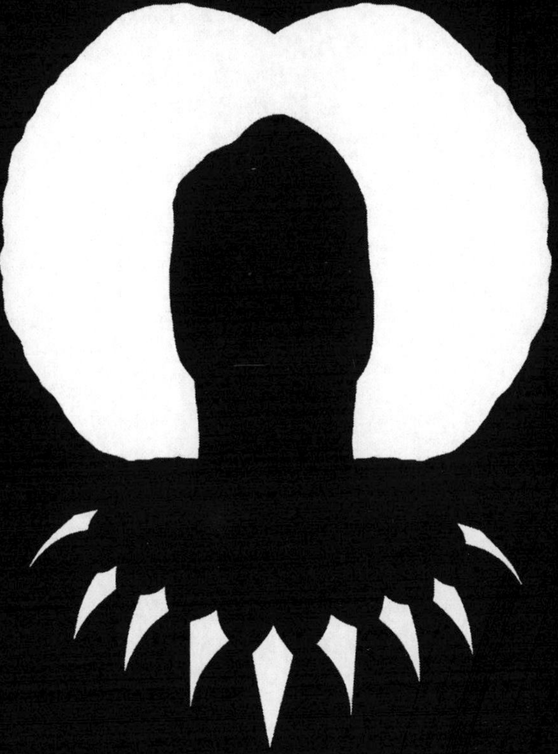

INTELECTUAL DIFERENTONA

EM VERSO E PROSA

Conselho Editorial da Editora Livraria da Física

Amílcar Pinto Martins - Universidade Aberta de Portugal

Arthur Belford Powell - Rutgers University, Newark, USA

Carlos Aldemir Farias da Silva - Universidade Federal do Pará

Emmánuel Lizcano Fernandes - UNED, Madri

Iran Abreu Mendes - Universidade Federal do Pará

José D'Assunção Barros - Universidade Federal Rural do Rio de Janeiro

Luis Radford - Universidade Laurentienne, Canadá

Manoel de Campos Almeida - Pontifícia Universidade Católica do Paraná

Maria Aparecida Viggiani Bicudo - Universidade Estadual Paulista - UNESP/Rio Claro

Maria da Conceição Xavier de Almeida - Universidade Federal do Rio Grande do Norte

Maria do Socorro de Sousa - Universidade Federal do Ceará

Maria Luisa Oliveras - Universidade de Granada, Espanha

Maria Marly de Oliveira - Universidade Federal Rural de Pernambuco

Raquel Gonçalves-Maia - Universidade de Lisboa

Teresa Vergani - Universidade Aberta de Portugal

BÁRBARA CARINE SOARES PINHEIRO

INTELECTUAL DIFERENTONA

EM VERSO E PROSA

2022

Copyright © 2022 Bárbara Carine Soares Pinheiro
1ª Edição

Direção editorial: José Roberto Marinho

Capa: Fabrício Ribeiro
Projeto gráfico e diagramação: Fabrício Ribeiro

Edição revisada segundo o Novo Acordo Ortográfico da Língua Portuguesa

Dados Internacionais de Catalogação na publicação (CIP)
(Câmara Brasileira do Livro, SP, Brasil)

Pinheiro, Bárbara Carine Soares

Intelectual diferentona: em verso e prosa / Bárbara Carine Soares Pinheiro. – São Paulo: Livraria da Física, 2022.

ISBN 978-65-5563-242-2

1. Poesia brasileira I. Título.

22-108425   CDD-370.71

Índices para catálogo sistemático:
1. Poesia: Literatura brasileira B869.1

Cibele Maria Dias - Bibliotecária - CRB-8/9427

Todos os direitos reservados. Nenhuma parte desta obra poderá ser reproduzida sejam quais forem os meios empregados sem a permissão da Editora.
Aos infratores aplicam-se as sanções previstas nos artigos 102, 104, 106 e 107 da Lei Nº 9.610, de 19 de fevereiro de 1998

Editora Livraria da Física
www.livrariadafisica.com.br

APRESENTAÇÃO

CARINE

Quando alguém me chama de Carine em qualquer lugar do mundo, eu paro tudo o que estou fazendo e mobilizo o olhar e a energia mais afetiva que há em mim por imaginar ser alguém da minha família ou um vizinho ou amigo da minha rua na infância. Por toda a vida, em todos os lugares sérios, eu fui chamada de Bárbara: escola, ambientes de trabalho, faculdade, cursos, consultas médicas, terapêuticas etc. Carine é a menina da rua que empinava arraia sem camisa no telhado, representa a doçura de uma infância carente em diversas materialidades, mas rica em amor e senso de coletividade. Meu irmão, pouco antes de me deixar, me chamava de "Cari Cari". Ele já pouco conversava comigo e com todos os seres humanos, mas vez ou outra me chamava num canto e dizia: "Cari Cari, bota um crédito no celular para mim".

Na minha infância, sempre que eu estava triste e queria ficar sozinha, eu corria para o quintal lá de casa, na Travessa São Lázaro, nº 5, na Fazenda Grande do Retiro. Costumávamos sentar na escada da subida para o quarto que dormíamos nós cinco: mainha, eu e meus irmãos (Milo, Dudu e Cris).

A vista da escada dava para a praia da Boa Viagem, uma praia de águas tranquilas e mornas em Salvador, que fica próxima à famosa praia da Ribeira e da Ponta de Humaitá. Aquela vista me tranquilizava e eu encontrava a paz que em algum canto estava em mim e aquele momento conseguia me conectar com essa fração temporal de gozo da existência. Às vezes até tocava La Belle de Jour, de Alceu Valença, na rádio e eu tinha certeza que a praia da Boa Viagem da canção era a minha praia da Boa Viagem. Minha ignorância me levava a catarses emocionais incríveis neste encontro da paisagem com a canção, festejado no meu imaginário.

Um belo dia, o vizinho da rua de baixo, seu Jamaica, da Travessa São Roque, decidiu construir um prédio e acabou, por meio desta obra, com a vista que tanto me reconectava comigo e me trazia de volta o equilíbrio. Fiquei triste, angustiada, perturbada; a escada havia perdido um traço essencial de sua composição. Eu havia perdido o meu refúgio.

Com o passar do tempo percebi que dali em diante eu precisava construir as minhas próprias escadas com os meus próprios cenários para as diversas situações de adversidade que eu encontrasse na vida.

Em dezembro do ano passado (2021), cinco dias após ter sido roubada na compra de um carro, eu perdi subitamente o meu irmão Emerson Soares Pinheiro, mais conhecido como Dudu Perereco. Era um jovem negro periférico de 38 anos que há 10 se encontrava em situação de alcoolemia. Foi o irmão da extrema sensibilidade: me contava piadas constantes, formou minha preferência musical dentro do samba, me ensinou sobre futebol... era impossível estar perto de Dudu e não sorrir. As minhas maiores memórias de felicidade e cumplicidade da infância foram ao seu lado. Um certo dia, naquela mesma casa que nascemos e nos criamos, ele dormiu e esqueceu de acordar; comediante como sempre, sua vida se encerrou nesse gesto com que parecia estar a brincar.

Eu procurei desesperadamente a minha escada e não encontrei. Sou muito ligada à atividade física, foi uma grande escada que construí na minha vida. Lembro que na noite do enterro do meu irmão eu corri a corrida da falta de horizonte. Eu corria muitos quilômetros dentro do barulho ensurdecedor que repousava o meu silêncio. Tudo o que eu queria na verdade era correr pra fora de mim. Pra bem longe daquela dor. Não foi possível. Foi quando, em algum momento da minha estadia no inferno, vieram-me alguns versos soltos na minha cabeça e eu parei tudo o que estava fazendo naquele instante, peguei o meu celular e comecei a anotar no bloco de notas (como escrevo esse texto de apresentação exatamente agora). Surgiu ali um poema. Depois outro. Depois outro. Depois outro. De repente, me vi construindo essa escada e esse aconchegante cenário que é este livro. Nossa! Como essa escrita me salvou! Lembro de um dia que eu olhei pra esquina da minha rua, onde ficava o meu irmão, e não o encontrei e eu senti uma dor tão gigantesca, que eu sentei (novamente ela) na escada da Marazo Construção (uma loja de material de construção lá do bairro, próxima da nossa rua), peguei o celular e escrevi "a inconveniência da dor". E na medida que desaguava em versos, eu recuperava a paz do meu.

Não é um livro sobre a dor, mas é uma escrita que parte dela. Eu escrevo sobre exatamente o que sou e tudo que me atravessa na minha dimensão existencial no mundo. Falo sobre amores diversos, sobre conhecimento ancestral africano, empoderamento negro, emancipação feminina, política, infância favelada, genocídio, sexo, natureza, maternagem, ciência, dor, tristeza, carência, felicidade, esperança, tudo aquilo que me forja e me toca enquanto mulher negra nordestina de origem favelada na sociedade hoje.

Espero que você se permita passear por mim dentro desses becos e encruzilhadas que compõem a minha geografia emocional e que, em algum canto desse trajeto, essa escada leve, também você, para a imagem de uma praia da Boa Viagem ensolarada, com suas águas calmas e um céu sem nuvens bem azulado, informando que a esperança novamente virá.

SUMÁRIO

11 Dudu Perereco
13 Infância Preta
15 Luto e Luto
17 Deixe minha raba
19 Mais uma vez
21 Me despi de você
23 Baiana em demasia
25 Nina-Sol
27 Amnésia
29 Corrida Maluca
31 Deixa ela passar
33 Pássaro Preto
35 Puta Manifesto
37 Felicidade
39 Gente de Bem
41 Extrema Fragilidade
43 Como uma Deusa Kemética
45 Na Chapa não
47 Gamboa
49 A Inconveniência da Dor
51 Sabedoria Ancestral

53 Afeto Casual
55 Siririque-se
57 Mainha
59 Confissão de um Fracasso
61 Nunca é muito Tempo
63 Errei na missão
65 A minha escrita
67 A flor da pele
69 Ciúme mata a gente
71 Preta canceriana
73 A mãe das mães
75 Quarto de empregada
77 Guardaram o vento
79 Faça-me a gentileza
81 Quase amor
83 Notas sobre a mulher: carta à minha filha
85 Carta para mim aos 15 anos
87 Carta a outra mulher foda
89 Carta aos formandos em Química
93 O último aniversário
95 Carta póstuma ao meu irmão

DUDU PERERECO

Dudu perereco morreu
Caiu na contramão na liberdade
Congestionou o tráfego do meu amor que corria pra amparar a sua dor
O laudo
Morreu de tristeza, da avareza, da mesquinhez que assola esse mundo de tamanha soberba

Meu irmão morreu de genocídio
Vocês não me enganam
Não foi de alcoolismo não
Não foi de tristeza
Não foi de solidão
Nem depressão
Foi da bala do Estado que quando não chega pelo seu braço armado
Chega pelo hospital lotado
Chega pelo brilho roubado
Da ausência de um futuro estrelado

Dudu perereco morreu
Mas aqui vive
Vive em mim
O seu olhar doce de bamba
De quem me ensinou a gostar de futebol e de samba

Vive em mim o seu jeito lento de quem acelerou seu tempo
Diante desse mundo pequeno
Desatento
Vivem os seus bordões
As suas piadas
Os seus tesões
Que desgraça!

Ele não está mais aqui
Mas segue a cuidar de mim
A me fazer sorrir, a me fazer sentir
Que a força que preciso pra enfrentar a tragédia do mundo reside em mim
No meu corpo que é minha casa
Conduzida pelo vendaval do sopro ancestral
Que me ajuda a não sucumbir
Mas a resistir

Resistência?
Foi o que me restou
Nesse mundo que odeia o meu negrume
Que me machuca
Me isola
Me violenta
Que matou o meu irmão
O meu amor até chegou a tempo
Mas a dignidade desse mundo não

INFÂNCIA PRETA

Garrafão
Esconde-esconde
Onoum
Pega-pega
Foi
Come terra
7 pedrinhas
Baleô
Gude
Empina arraia
5 pedrinhas
Golzinho
Toquinho

De tudo na infância eu fiz um pouquinho
Criança preta
Vida de treta
Oh rapaz, segura a bola pra passar a senhora
Mainha, dona Chiquinha, dona Marlene,
Nossas mães pretas, o respeito só aflora

Vida preta e em comunidade na favela
Ninguém leu Karl Marx mas já havia comunismo
Vá trabalhar, olho seu menino.
Tome aqui um açúcar, um feijão pela janela
Perainda, isso aqui é quilombismo!

Bora ali na São Roque ver a massa encefálica de fé
Também tem tombamento na rotina
Minha vida dura é

Xiiiiiii, fudeu, a bola caiu no dominó
Os coroa vão furar sem dó
Eu já vou, tem um carro subindo, acho que é painho
Amanhã a gente faz a vaquinha e compra outra chuveirinho

Páscoa, São João e Natal na São Lázaro sempre têm decoração
Pau-de-sebo e brinquedo no dia das crianças
Dona Marlene não era mole não

Hoje tá na moda, mas o corre da rifa já era certinho
De porta em porta também vendia papel de carta
Na hora do almoço entregava marmita e geladinho

Ficaram da infância a minha subjetividade complexa e as doces memórias
Que atravessaram os tempos
De uma vida muitas vezes inglória
Construída com afeto, alegria e bons momentos

LUTO E LUTO

Luto
Estudo
Corro
Danço
Luto
Pulo
Trabalho
Voo
Me doo
Não paro
Só pra não ser parada
Só pra não ser notada
A dor
Que me molda na forma da indiferença
Não me escuto do grito ao sussurro de socorro
Forjo o bem estar que me forja
Que me projeta pro mundo lá fora
Na perfeição de uma pedra embalada
Bela. Pronta. Midiática. Perfeita.
Continuo
Mais barulho, mais barulho, mais barulho
Liquidificador, batedeira
O que não silencia não tem inteireza
Moída pela dureza de uma vida marcada pela pobreza
Que quando não é do que não se tem
É do que não se é

Só pra não ser parada
Só pra não ser notada
A dor

DEIXE A MINHA RABA

Você diz que a minha dança é vulgar
A vulgaridade vem de dentro do seu lar
Da morada da sua mente atrasada, dopada, travada
Que trava a face diante dos corpos não mortos em vida
Corpos postos no mundo como penas
Pena que voa livre levada pelo vento
Pena que você não está aqui
Pra ver como a minha dança me faz sorrir
Pra relaxar a sua cara sisuda e movimentar no baile da vida
Pra dificuldade
Um chambre
Uma ginga
Um plié
Uma mandinga
Uma sarrada
Uma botada
Diante da sua boca torta que dizia
Intelectual ela não seria
Pois se assim o fosse
Não dançava
Se importava com uma sociedade vazia de si
Que nos enche de hipocrisia
Deixe a minha raba
Que não trava
Como trava a sua garganta
Diante dessa vida amarga

MAIS UMA VEZ

Morri de amor pela milésima vez
Antes o amor ao tédio
Novamente faltou ar
A garganta a engasgar
As lágrimas a rolar
O coração quase a parar
Por falta de um cropped
Um desfibrilador
Pior é morrer de tédio
Bom mesmo é morrer de amor
Coração canceriano
Emocionado
Doado
Abafado
Profano
Insano
Demasiado humano
Minguando
Minguando
A lua novamente me traiu
Mais um bem me quer não quis
Cadê o cropped? E a dignidade?
A persistência da vulva escura
Que mais um não atura
Que resiste ao abraço da solidão
Insisto

Não quero
Insisto
Tô bem assim
Insisto
Você não é pra mim
Finjo não entender
Sigo a desobedecer
A ordem social aqui é morrer
De ódio ou de amor
Me exterminam sem pudor
Eu que não pareço a Afrodite
Eu que num disse me disse disseram
É gostosa pra caralho

Tomara que nunca arranje um amor recíproco
Para eu sempre ter o trabalho
De vim nessa cama lhe dar um chacoalho
Milésima primeira vez
Foda-se Belchior
Morrerei novamente logo ali
Marcada pela escassez
Diante da minha ausência de palidez

ME DESPI DE VOCÊ

No dia que eu me despir de você
Você vai ver
A vida vai ter mais dendê
Vai ser um badauê
Um fuzuê

Furdunço na avenida do meu coração
Acalorado
Emocionado
Controlado
Marcado pelo passo da solidão
No meio da multidão

Corpos ocos
De si e de nós
Corpos porcos
Chafurdam nos seus padrões
Nos porões
Nos infernos dos seus bordões

Ahhhh. mas eu vou me despir de você
Que me mancha
Não cansa de me atrasar o lado
Não pode assim, assado, de quatro
Nem com quatro

Cela que você nos impôs
Nos propôs
Uma vida de trouxa
Pouca
Insossa

Tô nua, hein?!
Cansei de você
Essa liberdade é de sifudê
Eu vou beber
Vou sofrer
Me erguer
Não estou mais à mercê

Aqui você não vem mais
E nem manda capataz
E se vier, venha de lado
Porque de frente o barril dobrado

Vaza daqui e vê se não enche
Nem tente
Mexer mais com gente
Insurgente
Que não mais se rende
Aos seus apertos de mente

BAIANA EM DEMASIA

Baiana em demasia
Nascida e criada na terra da fantasia
Terra de Mãe Stella, Milton Santos e Gil
Bahia de Todos os Santos a terra mais acolhedora do Brasil
Um sorriso negro em cada esquina
Dessa gente ressignifica a dor sempre em sua rotina
Meu dendê é da Bahia
Meu gingado e meu axé também
A alegria e inteligência que sustentou o meu povo
O meu sangue baiano-nagô-africano contém
A gente não vive só de carnaval, mas o carnaval vive em nós
Nossa gente trabalhadora por muitos anos sustentou o resto do país a sós
Aqui não tem preguiça e nem lentidão
Quando vou devagar é pra te fazer pirraça
Pra te mostrar que existo antes do teu grilhão
Pra tua arrogância um esporão
Pra o teu preconceito eu vou até o chão
E com a minha produção intelectual eu construo legitimação
Menina baiana que tem mesmo um santo que Deus dá
Baiana que bagunça mentes aonde quer que vá
Pra manter o meu axé carrego meu patuá
Proteção de quem tem fé
Saúdo no alto da Sé minha mãe Iemanjá

NINA-SOL

A vida é um bagulho louco
A gente nasce e já vai morrendo aos poucos
Feliz de quem vive com um sorriso largo como minha amiga Ingrid fez
Vivendo cada dia como se fosse a última vez
A gente sonhava em ser dançarinas do tchan
Ela a loura, eu a morena. Toda festa a gente dançava até o amanhã
Mas a vida não nos reservou essa felicidade
Mas presente maior ela me trouxe, pois encontrei nela uma amiga de verdade
Hoje você me diz adeus
Deixando como herança muito amor e alegria para os seus
O sol perde hoje um dos seus mais radiantes raios de luz
O brilho de uma leonina nata que à alegria nos conduz
Grandiosa. Combateu o bom combate até a morte
Trazendo para as nossas vidas essa sorte
Sei que agora você está em um bom lugar
Te prometo fazer minha existência valer a pena até o dia em que eu te reencontrar

AMNÉSIA

O convite foi pra um réveillon se amando
Mas a gente foi cantando, tocando, viajando, chapando, gozando, gritando, quebrando
Quebrando copos, corpos, paradigmas
Me atravessou com seu toque grosso de norte a sul
Da sua casa ao Pacaembu
Um encontro de energias frenéticas, épicas, elétricas
Me perdi no sorriso largo, no olhar adensado, num abraço molhado
Tremia, gemia, sensação que morreria
Toma um copo de água
De amor ninguém morre
De prazer se vive onde a liberdade fez morada e a loucura reside
Uma grande viagem pra dentro de mim
Eu que sou o fim do mundo, que nem tu
Os limites de mim mesma
A contenção da minha existência
Liberte-se
Amnésia
Amnésia
Amnésia
Comi, devorei toda a casa: a arte, o corpo, a alma, na calma
No meio do jogo, um toque em mim
E nele me derramo em você
Diariamente na padaria, um croquete?
Não. No carro um boquete
Um boquete fundo, faminto, sugador de essências

Sessão do descarrego
Parti
Novamente, sensação que morreria
Toma um copo de água
De amor ninguém morre
De prazer se vive onde a liberdade fez morada e a loucura reside

CORRIDA MALUCA

Será que isso engaja?
Sei lá
Uma dancinha Tik Tok falando de depressão
Um videozinho chorando porque terminei com mozão
Quero um milhão de likes pra essa minha vaidade
Pera, tem também uma coreografia massa da crise de ansiedade

Sorriso plástico
Olhar estático
Entretenimento macabro
Cotidiano vazio
Passo dias e noites tentando viralizar com conteúdo sombrio

Cheguei. 1 milhão de seguidores, mas nem sei o que fazer.
Agora só me resta adoecer
Pra o dinheiro que eu ganhei começar a desaparecer

Até pra chegar em mim tem que ser muito bem portado
Só fico com boy que for verificado
Também tenho uns reels dizendo que dinheiro não é coisa de trabalho não
É só lançar a positividade para o universo que ele retribui e a grana tá na mão

Estou ouvindo uns gemidos na sala
É a minha mãe pedindo pra chamar a ambulância
Calma, mãe, antes vou deixar o celular em ponto de bala
Pra abrir um ao vivo nesse evento e no engajamento manter a constância

Podia estar fazendo um som no Porto da Barra
Curtindo um céu estrelado
Mas pra essa vida eu desenvolvi o dom
De ser um ser humano bitolado

DEIXA ELA PASSAR

Deixa ela passar pela Baixa do Tubo
Não pega ela não
No seu cabelo sem permissão não bote a mão
Sua beleza é digna de uma canção
Não é de bombril, pixaim, duro, nem cabelo de tição
Cabelo é constituído de queratina
Um composto químico, um tipo de proteína
Formado por monômeros de cisteína
É um filamento sem vida
Não é bom nem é ruim
Mas fala muito sobre mim
Mais que uma questão de vaidade
Meu cabelo é ancestralidade
Carrega o peso da resistência
De quem alterou sua consciência
Aprendeu a se amar onde o amor foi negado
E o seu crespo censurado
Para a estética branca louvar
Mas hoje virou modinha a minha coroa você diz exaltar
"Que black lindo, deixa eu pegar"
"Com shampoo dá pra lavar?"
"É muito cabelo, não sei como você consegue pentear"
"E quando dorme, com esse cabelo dá pra descansar?"
"Que exótico, queria com um desse estar"
Seja de black, dread, trança ou de turbante
A beleza dele é exuberante

Poder que atravessou os tempos
No quilombo foi matemática, foi mapa, foi sustento
Tem muita história pra contar
Meu cabelo é minha herança
Eu não aprendi isso criança
Mas hoje a todos os pretinhos e pretinhas eu me pus a empoderar

PÁSSARO PRETO

Livre, firme, imponente, potente, amoroso, carinhoso

Voou pelos oceanos e parou aqui desaguando no meu coração, tocando no meu corpo, no meu black, na minha boca, marcando na alma

Ahh, pássaro preto, me prendeu no laço do teu beijo quente, me envolveu desnudo no teu universo e ali fiz morada, na extensão do seu peito largo cravei o CEP da minha nova casa

Tu és pássaro, eu sou das águas, o seu céu se derrama no meu mar. Nenhum de nós é terra firme. Nossa firmeza é maleável, ginga no compasso da dança da vida. Nossos corpos entregues ao luar, se amando nas pedras desse infinito mar

Vai, mas fica, pássaro. Eterniza nossos momentos infinitos e atemporais, momentos que se alternam entre a beleza do teu sorriso, a suavidade da sua voz, a profundidade do teu olhar, o prazer do teu adentrar. Fica, preto, pássaro, voa, mas fica.

PUTA MANIFESTO

Se na sua boca eu sou puta
Então fechou. Sou puta mermo
Putona com P maiúsculo
Dessas que esfrega na tua cara
De pau a essência de todo o seu mau
Costume de se fazer de centro

Esfrego mesmo e te dou o meu chá
Um chá de espera
Pra você que venera
Uma bela, recatada e do lar

Meu lar sou eu
Eu sou do mundo
Eu sou da rua
Eu sou do quinto dos infernos
Queimo em brasa no meu Eros
Mas não me rendo mais a você

Morreu todo mundo e ficou só você
Ahhh, mas eu jogo com prazer
Só pra te ver morgado
Cansado
Arreado
De tanto tremer
De ódio da minha liberdade
Da movimentação do meu corpo que arde sem precisar se repreender

Não quero te educar
Nem te entender
Seja de direita ou de esquerda
Meu foco não é você
Foram quase 35 anos para entender
Que eu sou inteira
Não sou freira
Nem sou puta
Não, para! Puta eu sou.

Nada de metade
Nem de laranja eu gosto
Quem chega vem pra saciar vontade
De voar leve de verdade
Quico leve
Cavalgo leve
Engulo leve o que já foi pesado
O trauma desse fardo de viver pra ser exatamente o que você quer ver

Foda-se
Vai me ver assim
Despida
Bandida
Nada polida
Despojada do teu mal
Não. Eu não disse que tu virou só um pau
Só não vou reforçar mais a tua autoestima descomunal
Como se isso fosse normal
Puta eu ser apenas por viver de um modo original

FELICIDADE

A felicidade é uma janela que abre um instante para a eternidade
Dizem que a felicidade não se compra
E que só consegue ser feliz quem se entrega à vida de verdade

Outro dia me senti feliz
Sai pelas ruas da minha cidade sorridente
Cantando e dançando como em Meia-noite em Paris
Ninguém entendia, pois não havia razão aparente
Para eu, na minha vida, na minha vida insossa, estar tão contente

Felicidade é uma relação de pertencimento a um momento que você não quer que passe
Que se possível eternizaria, para que o tempo esse instante transpasse
Não sei se sorte, conquista ou um estado de espírito
Mas parece que para alguém como eu a felicidade deveria ser um ambiente restrito

Mulher preta, favelada e de ascendência quilombola
Cresci na resistência, antes o trabalho e depois a escola
Para nós a felicidade é revolução
A gente aprende a celebrar o simples
Pois ainda não dá pra festejar a abolição

Banho de chuva, brincar livre, subir na árvore e chupar fruta do pé
Minha família é humilde, nos mantemos vivos com trabalho e fé
Ser feliz é uma conquista, não é sobre não ter problema
É sobre enfrentar cada adversidade, dar a volta por cima e superar cada dilema

GENTE DE BEM

"Se ele fizer merda a gente tira"
Falou a gente de bem
Que só se preocupa com o seu vintém
Querem voltar pra Disney
Mas nem o jabá da gasolina hoje tem

Genocídio pandêmico, genocídio epistêmico, negacionismo, rachadinha, censura, impostos altíssimos, entreguismo, desmatamento, deboismo
Será que é o bastante?
Pra essa gente outra vez acordar o gigante

O gigante que por séculos dormiu
Não viu
Evaldos
Cláudias
Amarildos
Morrendo pelas mãos do Estado
De morte matada, de abandono, de tristeza, de descaso

É só uma gripezinha. Pfizer não.
Ivermectina e cloroquina
Se mata piolho também mata essa virosezinha
Antes ser anta do que jacaré
Sai pra lá mídia, não pega no meu pé
Recordista em destruição ambiental

Posicionamento sobre o bombardeamento da Ucrânia?
Opa, perdi o meu sinal!
Mas como é ano de eleição
Deixa eu liberar aqui para o povo um recurso federal

Tá bom de merda pra você?
Ou precisa de mais quatro anos
Tomando no ânus mal tomado
Em função do seu ódio aos pobres e aos Direitos Humanos?
Seus puritanos
Levianos
Tiranos
Passadores de panos

Haja pano pra limpar tanta merda
A história não perdoará
Eu também não
Seu rebanho de cuzão
2022 é ano de eleição
E a esperança vai voltar a reinar nessa nação
Lula lá, aqui e acolá
Pra picanha à mesa do pobre voltar
E o Brasil vergonha lá fora parar de passar

EXTREMA FRAGILIDADE

Vai pra onde com essa roupa?
Não é opressão, é cuidado
Não acho legal viajar sozinha
Fico preocupado

Essa sua amiga nova não é muito acelerada?
Desbocada
Ela fica com geral
Tu vai ficar mal falada

Que massa que conseguiu um novo emprego
Tá ganhando mais que seu nego
Seu salário subiu tanto assim
Daqui a pouco nem vai mais precisar de mim

E essa nova posição? Onde aprendeu?
Pornô é coisa de homem
Mulher que tem vida sexual independente
Ao homem ofendeu

Não precisa chamar atenção nos espaços
Na rítmica dos meus preceitos
Eu estabeleço os seus passos
Pra você não atrair preconceitos

Mulher minha tem que ser diferente
Pra que a sociedade não invente
Que a sua liberdade fere a gente
Com a sua nova mania de ser insurgente

A nossa poligamia vamos dividir assim
Eu fico com todo mundo
E você se guarda pra mim
Sei que apenas aceitou o formato
Só pra não perder a mim

Pra que expor a gente assim na rede social?
Por favor, meu amor, não me leve a mal
Mas essa visibilidade só atrai energia ruim
Além do mais, meu Instagram é de trabalho
Não cabe vida de casal

Calma, eu tenho consciência do patriarcado
Tô até me desconstruindo, vá aos poucos, tenha cuidado
Pois apesar de você ser o sexo frágil
A minha extrema fragilidade me tornou um cara alienado

COMO UMA DEUSA KEMÉTICA

Sei bem que tu tem um tesão pela escravidão
Se não pela servidão
Mas pela história de superação
Até tu que é progressista
Que não anda com bolsonarista
Acredita que a minha história começou com essa desumanização
E ainda me chama de pretensiosa
Quando chego poderosa
Dizendo que essa não é a minha narrativa não

Não, não venho de escravo não
Não, não foi tu que me libertou não
Nasci livre
Não vê esse olhar de realeza?
Que a soberania acompanha com leveza
Muito antes de toda essa tristeza

Descendo dos primeiros humanos
Olha bem pra mim
Imponente como as Candaces de Meroé
Afrontosa como as guerreiras de Daomé
Linda e épica como uma deusa kemética
Que trago em mim a inteligência cuxita
Pra transcrever minha história em poética

400 anos são nada diante da profundidade desse meu olhar
Que traduz a essência de quem atravessou o mar
Fundou os tempos
Moveu os ventos
Mas na tua história você me fez acreditar
Felizmente descobri
Que muito antes do seu Pedro Álvares Cabral, Luzia já estava aqui
Atravessou o oceano com a nossa tecnologia
Que Ogum nos proveria
Para o mundo alcançar

Minha diáspora vem de antes de você imaginar
Que poderia me aprisionar
Não nos grilhões, mas na mente
E controlando o meu inconsciente pudesse me dominar
Mas isso acabou
Tô descortinando as mentes das minhas crianças
Nessas minhas várias andanças

Ei, levanta essa cabeça
Olha de frente
Postura altiva
Lê Diop aqui
És genial
A gente não está aqui de favor
Uma princesa linda
Descendente da rainha Ginga
Não dê ouvidos a quem não te leva a sério
Enquanto eles acham que nos dominam
Mais que recuperação de autoestima
Nós estamos reconstruindo o nosso império

NA CHAPA NÃO

Cara, cadê sua proteção?
Nego, na chapa não
Fica aí pagando de cuzão
Me fazendo pressão
Como se se eu engravidasse
Tu bancasse
Como se não existisse doença não

Fica com essa cara lavada
Querendo dar só uma botada
E ainda me responsabiliza
Você é quem decide
Só um pouquinho
De cara já fico brochada

Tu acha que eu também não tenho tesão?
Essa porra acesa batendo no meu portão
E eu que tenho que segurar?
Eu que tenho que ter maturidade?
Mas não foi justamente a sociedade
Que disse que você é razão e eu emoção?

Então, entre, a casa é sua
Nem tô curtindo direito sua presença
É que com a cabeça de cima tu não pensa
Ou melhor, você só pensa em si

Amanhã vai ligar pra mim
E ainda sem me dar um real
Vai me pedir, na moral
Toma uma pílula aí
Ela que tanto o meu corpo agride
Templo onde meu Ori reside

Já acabou?
Não percebi
É que eu nem tava direito aqui
Tava já sentindo a agonia
Pior que amanhã nem tem terapia
Agora pode ir
Já fez o seu trabalho
De vir aqui pagar de otário
E me fazer à sua imbecilidade aderir

GAMBOA

Hoje não deu pra descer pra Gamboa
Curtir minha praia, fumar um e ficar à toa
Tinham três corpos no chão
Tudo exposto ali, embaçando a diversão

A polícia mais bem treinada do Brasil
Novamente recebida a tiro
De onde partiu o ataque ninguém sabe ninguém viu
Sempre no tal confronto à bala só encontra o corpo do suposto bandido
Calma, calma, comando, não precisa ficar ofendido

Não tô torcendo contra o senhor não
Só não entendo essa matemática
Um monte de bala dita trocada
Só pode ser boa tática
Pois ela sempre encontra um só lado nessa guerra nada democrática

Os corpos pareciam os outros
E os outros também
Dessa gente que não tem a cara de gente de bem
Gente preta e favelada
Um monte de Zé Ninguém

Queremos solução!
Queremos solução!
Consternada e com medo de ser a próxima gritava a multidão
As mães do lado dos corpos em dor e consciência
Pra que ali não se tornasse mais um auto de resistência

A dor da perda de um filho
O medo de ficar marcado como bandido
O desespero do dinheiro do enterro
O corre familiar diário diminuído

Mais um golaço do estado
Obra tamanho G
De Genocídio
O pior é que ninguém fica abismado
Porque pra maioria era tudo elemento
Gentinha sem o menor prestígio

A culpa é da instituição
Que na cortina de fumaça da guerra às drogas extermina a nossa gente e fortalece a base produtiva do patrão
A violência de classe tem sua organização

Pra branquitude burguesa, a proteção
Pra o preto favelado, o caixão
Alexandre dos Santos, Cleberson Guimarães e Patrick Sapucaia não passaram dos 20 anos não.

A INCONVENIÊNCIA DA DOR

A dor é uma visita inconveniente
Não escolhe circunstância pra acometer a gente
Uma dor de amor, uma dor da morte, uma dor de dente
Ela machuca a alma, até nos deixar inconscientes

Dizem que a dor tá próxima do amor
Que ela até nem tem cor
Não escolhe a quem, nos fere sem pudor
Mas a gente de pele preta ela abraça com ardor

A dor hoje me pegou pela mão
Quando eu olhei pra esquina da minha rua e não vi o meu irmão
Às vezes até esqueço da sua ação
Mas a dor é sorrateira e tá sempre de plantão

Nem sei como seria uma vida sem dor
A dor não é o outro lado do amor
O amor é perfeito, não tem lados, é esférico
A dor tem múltiplas facetas, várias conexões
Um ente quase polimérico

Escrevi pra me livrar de ti
Até breve, minha senhora
Pois eu sei que voltará aqui
Se for possível, por favor, me antecipa a hora

SABEDORIA ANCESTRAL

Ciência de antes da modernidade
Veio de kemet a química com toda a sua variedade
Unguentos, papiros, fármacos, cosméticos, cerâmicas, ligas metálicas, combustões
O domínio da técnica do fogo pra sociedade africana trouxe várias soluções
Solução matemática, prática, química
Solução de referência preta na ciência pra aquela menina
Que distante da inteligência sempre foi colocada
Senta lá, minha filha, sua cultura é de oralidade
A tradição de vocês nem de escrita era sustentada
Mas a menina cresceu e logo descobriu
Que os seus ancestrais milênios antes da escravidão, visitaram o hoje Brasil
Fizeram expansão marítima com seus conhecimentos de pesca e engenharia naval
Mas não escravizaram e não mataram,
Pois sua cosmopercepção não era de espalhar o mal
Conhecedores de agricultura, engenharia civil e medicina
Construíram as bases objetivas e subjetivas dessa nação que tanto os dizima
A menina hoje é potente, sabe de sua história
E às mentiras impostas pelo racismo, ela não dá vez
Hoje educa outras jovens pra o futuro ancestral
Dessa ciência que tanto ela espalha com altivez

AFETO CASUAL

Não dorme de conchinha
Mão dada nem pensar
Preserve seu carinho e seu cuidado
Não trate ficante como namorado

Não pode dormir na sua casa
Não construa relação de intimidade
Corte logo sua asa
Isso aqui é sororidade

Ficante a gente trata com frieza
Pra depois a gente não pagar a conta na tristeza
Imponha seus limites
Pra não precisar nadar contra essa correnteza

Entendo mana a sua preocupação
Pra na dependência afetiva eu não fazer minha prisão
Mas eu não entendo não
Qual o problema de trocar afeto, dormir juntinho, na rua dar a mão?
Não é pedido de casamento
É apenas um bem-estar, um bom sentimento
Pra que todo esse descontentamento?

Se é o que o meu coração está pedindo
Pra que vou continuar fingindo?
E ao outro confundindo
Se é pra mim mesma que eu estarei mentindo?

SIRIRIQUE-SE

Tudo começou numa movimentação despretensiosa
Que essa menina toda prosa
Nem sabia onde iria chegar

Tomou banho, passou perfume e ao olhar no espelho
Como de costume começou a se acariciar
Soltou seus cabelos, deslizou os dedos na sua nuca
Passou pelos seios, circulou o umbigo
Chegou na zona proibida
Mas olha só que perigo
O olho de Deus se pôs a julgar

A menina era destravada e
Numa percepção desbloqueada, começou a dedilhar
Desorientada
Pra cima e pra baixo
Prum lado e pro outro
Aiiiin
Chegou no movimento circular
Quanto mais a menina intensificava
Entre o olho de Deus e o prazer ela estava
Mas ela decidiu não parar

Discotecou até umas horas sem saber onde chegaria
Era uma descoberta, que assustava
Tinha momento que o corpo quase parava
Hora que desesperadamente tremia
A linha de chegada ela atravessava

Meu Deus, o que foi isso?
Será que eu sei fazer de novo?
Sussurrando ela gemia
Deixa então eu recomeçar
Pra me aperfeiçoar
Nesse encanto, nessa magia

Date errado ela suprimia
O problema da busca por boy lixo
No afã do tesão ela superaria
Pois agora, quem diria
O autoamor ela se permitia

MAINHA

Vai pegar em livro, não em vassoura
Disse mainha na minha infância pra me incentivar a ser doutora
Tinha medo que eu seguisse sua profissão
E não rompesse de vez com o ciclo vindo da escravidão

Mulher negra, quilombola, nordestina
Trabalhou em casa de madame desde menina

Aos nove anos do mocambo ela saiu
Pra descobrir Salvador e sua paixão pelo mundo servil

Trabalhou duro e aos vinte anos já tinha duas casas
Onde ela nos criou e ali a vida nos deu asas
Chegou na década de 70 na Fazenda Grande do Retiro
Lá vivia Dona Teresinha, mãe de Carine, Cristiane, Dudu e Milo

Do meu pai a gente era a outra família
Cresci numa história que não tava na Bíblia
Hoje imagino as carências de mainha
Todo dia painho marcava presença
Mas nada de filminho, dormir juntinho e conchinha

Acho que aprendi a ser quem sou com ela
Que nem ligava pra o que o povo falava na favela
Chegou na velhice sem precisar de homem do lado
Trilhou seu caminho, educou seus filhos
Nos dando carinho, régua e compasso

Com ela aprendi a não ter ciúme
De certo modo a tranquilidade de todo dia ver meu pai vir e voltar
O desprendimento resume
O mundo deles era aquele momento ali
Depois que a chave do carro batia pouco importava pra onde ele ia partir
Ali entendi que o que vale das relações são as presenças
Tentar controlar o que o outro faz na ausência é uma impossibilidade tremenda

Dia desses minha terapeuta perguntou
Bárbara você sabe o que é o amor?
Falei de mainha, da minha filha e ela logo me interpelou
Não, não, não. Não é desse amor que eu tô falando
Você já se sentiu alguma vez amada na vida?
Fiquei em silêncio e ela meteu todo o seu dedo na ferida

Não sei te responder, não, doutora, mas peço licença por favor
Sendo eu uma professora te dou o conceito poético de amor
Ele é fogo que arde sem se ver
É a tristeza que esmaga meu coração de imaginar
O dia que a minha mãe eu vou perder

CONFISSÃO DE UM FRACASSO

Fracassei em não ser bela
No padrão que estabeleceram de beleza
Também não fui doce, obediente e singela
Acabei te trazendo essa tristeza

Fracassei em ser forte
Mas a vida não me reservou essa sorte
De ser tratada como sensível
Eu que me tornei mulher em uma realidade invisível

Fracassei em não me diminuir pela ausência do pênis
Nem em mim, nem do que você pode oferecer
Contrariei a ordem do mundo
Com bravura, tendo que a minha vida e dos meus prover

Fracassei em não fingir gozo
Tentei por muito tempo até entender
Que se você não fez gostoso
Você vai ter que perceber

Fracassei em ser put4
Mesmo eu sendo culta
Se eu dou sou puta, se não dou também
Se minha vida não é o que você imputa
Put4 sou por não dizer amém

Fracassei com a minha filha
Que educo pra liberdade
Para ela entender que não é metade
Para que ela não abrace nenhuma forma de subalternidade

Fracassei no amor eterno
Certamente não valoro
Onde não tenho um ambiente saudável e terno
Apesar de Deus ter unido
Peço licença e não me demoro

Fracassei por não parecer a paquita da Xuxa
Eu que não sou neta de bruxa
A bruxa tive que me tornar
Pra toda essa desumanização encarar

Fracassei em estudar e me bancar
A sociedade vai ter que aturar ou surtar
Uma mulher preta de origem favelada
Que com sua luta e trajetória outras meninas segue a inspirar

NUNCA É MUITO TEMPO

Nunca é muito tempo
Mas pode durar só até amanhã
Hoje parece infinito
Porque a angústia apagou da memória a recordação de um tempo bonito
Mas logo cedo o sol voltará
Brilhará
Iluminará
Acenderá
As nossas esperanças fracassadas
Oriundas de derrotas processadas
Requentadas na lembrança pela ociosidade
Será o domínio do seu tempo a sua vulnerabilidade?
Ou o entendimento da sua própria verdade
O fato é que mais cedo ou mais tarde
O sol brilhará outra vez
Imponente e repleto de tamanha robustez
O sol que nem sempre existiu e nem sempre existirá
Mas enquanto ele se apresentar
Essa beleza tendo a contemplar
A me encantar
Me reencontrar
Projetar
Recordar

Que o tempo sempre é urgente
Não que isso acelere a gente
É sobre valorizar cada instante
Guardando o gostinho de cada emoção que se sente a nos eternizar

ERREI NA MISSÃO

Vou citar um pedacinho só dos mais marcantes
Era pra ser um poema de amor romântico
Mas eu sou uma brincante
Ou será uma errante?
Depende dos olhos de quem me vê
E por falar em olhos, estavam flamejantes
Respirações ofegantes
Suspiros bufantes
Desejos gigantes
Esse era emocionado
Parou no meio do beijo grego pra dizer um "eu te amo" apaixonado
Grita baixo, morde o travesseiro, pra não acordar o prédio inteiro
Rebolada, caras e bocas, gemidos, pompoarismo
Me empurrou no sofá
A força do meu black se pôs a testar
E sem me dar tempo de pensar me mandou sentar
Falou comigo no imperativo
Eu fico fraquinha
Parece até ironia
Ordem no dia a dia, não permite a sua neguinha
Grita pra acordar a vizinhança
Derrama seu amor aqui na minha boca pra gente não fazer uma criança
Vou terminar com ele que me leva à loucura
Um preto que hipnotiza até parece uma escultura
Nem sou de contemplar homem nu

Mas ele parece uma pintura
Basta chegar perto dele por aí que eu perco logo a compostura
Moço novo, cheio de vida, nem me deixa trabalhar
Vou parar por aqui, minha gente
A missão era escrever um poema de amor
Mas de putaria com os três melhores comecei a falar

A MINHA ESCRITA

Eu escrevo sobre a dor
As pessoas acham que eu tô sofrendo
Eu escrevo sobre o amor
Elas acham que estou apaixonada
Eu escrevo sobre sexo
Elas acham que eu tô transando
Eu escrevo sobre dança
Acham que estou me movimentando

A escrita nos move local e temporalmente
Para onde desejamos estar naquele momento
Sem necessariamente estarmos ali
Aquilo tudo pode até nem existir
Ou estar no seu imaginário
Que existe fora do calendário
Do seu tempo material
Será ele apenas o real?

Escrevo sobre o passado
Presente
Futuro
Escrevo sobre o infinito que há em mim em um segundo
E você insiste em limitar
Imitar
Quem limita o vento?
Quem contém a liberdade
Que pulsa, grita, arde o pulso do peso dos teus grilhões

A escrita liberta
Escrita de todas as formas
Teses, artigos, poemas, rimas, declarações em um papel de pão
Para que escreves?
Eu não sei ao certo não
Mas sinto que não estou só
A garganta nem dá mais aquele nó
Estou acolhida no coração
Da literatura, não há solidão

A poeta errante, a sós, gauche, desajustada
Não é um ser estranho
Acho que é isso
Ali meu desajuste se ajusta
Escrevo pra criar um mundo que eu caiba
Que não me molde
Que ali eu sempre volte
Onde o bater imponente das minhas asas a ninguém assuste

A FLOR DA PELE

Negra
Chega aqui, me traz essa beleza
Negra
Que eu quero desfrutar, pra não te colocar na minha lista
Negra
Que aquela outra empregada
Negra
Teve a infelicidade de se livrar
Negra
Gritei ela numa noite
Negra
Ela se negou a me servir com sua audácia
Negra
Com sua vida
Negra
Ela teve que pagar
Negra
Não repita o erro de sua mais velha
Negra
Que a liberdade da morte
Negra
Optou pra não mais se curvar

CIÚME MATA A GENTE

Eu quis morrer outra vez
Me embriaguei de perfume
A razão foi o ciúme
Que tu me fez passar

É um nó na garganta
Que me deixa até tonta
Você com ela em teus braços
Eu me pus a pensar

Vou gritar, vou beber
Vou chorar pra valer
Mas até minhas lágrimas
Já não querem rolar

Essa dor, meu amor
Me atravessa sem pudor
Acho que a fonte até secou
E não vai mais emanar

Eu nem sei o que é verdade
Nem o que é ilusão de óptica
Oscilo entre a sensibilidade e a robótica
De um grande amor eu fantasiar

Em meio ao meu tremor
Você está aqui outra vez
Não saberia te dizer o que me fez
Em você um dia eu repousar

É uma loucura
Mistura de ódio com acalanto
Amargura que inebria meu pranto
Que você novamente conseguiu estancar

Uma dor
Um amor
Uma doença
Pra você me fiz criança
Só para o seu mundo eu acessar

PRETA CANCERIANA

Todo dia me apaixono
Carência de mulher preta
Que o povo acha que vive só de treta
Mas me rendo fácil a uma gentileza
Confundo interesse com nobreza
Mulher preta, canceriana com ascendente em peixes
Aí, fudeu
Carente por natureza
No mercado um lugar na fila dado
Me derreto e já mando um olhar marejado
Calma, moça, é só educação
Desculpa querido, é que eu tô acostumada com a solidão
Não é de andar só não
É de não terem comigo cuidado e atenção
Mas fique tranquilo, apaixono e passa rápido
É que eu tenho um coração ávido
Queria até um romance
Mas a vida não me dá essa chance
Mas não curto romance de cinema
Nossa! Nem parece canceriana, que dilema!
É que a sociedade me ensinou a contrariar os astros
Gosto mesmo é do afeto casual sem cotidianos programados
Enfim, novamente me apaixonei
Ele apenas abriu a porta do carro, eu sei

Foda a vida da preta canceriana
Emocionada demais, nunca desencana
Mesmo eu que aprecio minha liberdade
Tenho carências do horóscopo e da vida em sociedade

A MÃE DAS MÃES

Grandiosa
Potente
Poderosa
É assim que a gente a ela vê
Que eu já via há tanto tempo mesmo sem antes conhecer
A cachoeira da fumacinha
Da Chapada Diamantina uma rainha
Nos mostra o quanto a gente é pequeno diante de sua imensidão
Nos faz repensar a vida, fazer escolhas, emanar amplidão
O medo também aparece bem ali no meio daquele estreito
Medo nem sempre é sinal de fraqueza, pode ele ser respeito
Sua benção, mãe, vim pegar a paz que Salvador me levou
E a mãe das mães com seu forte spray nos ouvidos me soprou
Paz é estado de espírito, leve essas águas dentro de você pra onde você for

QUARTO DE EMPREGADA

O ano era 2022
Mas parecia 1822
Maria, sorridente, reluzia sua pele preta ao sol
Passava com afinco a roupa do seu patrão que numa casa grande morava só
Um senhor de barba branca simpático que disse que ali não estaria
Se não fosse pelos cuidados de Maria
Maria novamente nos olhou com aquele sorriso plástico mesmo que há quinze anos vivesse naquela masmorra
Tive medo e angústia, me senti no meio daquele filme "Corra!"
O branco não menos sorridente, toda a sua casa se pôs a me mostrar
Mas o quarto de empregada com naturalidade e orgulho ele quis me apresentar
Era um cômodo velho, caindo aos pedaços com um ar colonial
As paredes rachadas e em cima da cama de Maria estavam seus trapos
Naquele quarto, no quintal
E por falar em quintal olhei para os lados e procurei o tronco
Maria estava há um mês sem ver sua filha que morava no interior
Era a outra forma de na atualidade o chicote mostrar o seu ronco
Minha irmã paralisada encerrou sua visita no quarto de empregada
Já eu caminhei por toda casa com o barba branca
Como se também não tivesse impactada
Adeus, barba branca, espero que um dia a liberdade chegue pra Maria
Pois o ano era o de 2022
Mas ainda assim não ela não tinha sua carta de alforria

GUARDARAM O VENTO

O vento que me conta segredos ao ouvido
É o mesmo que acalma os meus gemidos
Aquele também que espalha ao mundo os meus gritos

É o vento que ocupa os espaços
Impulsiona os rios, agita os lagos
Mais que o ar em movimento
O vento eterniza momentos

O vento que me fez fechar os olhos
Foi o mesmo que me fez abrir também
Foi também ele que arrombou as janelas do meu coração
Bateu cantante em sua porta e mais uma vez não tinha ninguém

A sós, contemplando a queda d'água que inunda
Afunda, tudo aquilo não deveria estar aqui
O vento demarca a marcha frenética do rio
O rio que não é o mesmo de ontem
E ao espelhar-me nele a cada instante o meu reflexo muda também

Como um bom mercador o vento contorna
Antecipando os tempos
Criando novas rotas
O vento molda, toca, assovia, baila no compasso dos contratempos

O mesmo vento que traz calmaria
Em intensidade traz desespero
Destrói o que outrora ajudara a construir

Tentaram guardar o vento numa caixinha
Que ironia, ele se permitiu prender
Para quem tentou o deter
Temer e diante de tanta potência nada conseguir fazer

FAÇA-ME A GENTILEZA

Por favor, tristeza, faça-me a gentileza de ir
Eu preciso voltar a sorrir
Aquele riso frouxo
Que deixa a gente rouco
Soluçando
Com dor no canto da bochecha

Por favor, tristeza, ouça a súplica dessa mulher
Que quer reencontrar o seu elo
Abandonar esse sorriso amarelo
E que no meio de uma gargalhada escandalosa
Derrama lágrimas volumosas
Pois conseguiu se reconectar

Por favor, tristeza, tenha a delicadeza
De reestabelecer a minha nobreza
E se você me atender não vai se arrepender
Eu faço um samba pra você
E te liberto aprisionada na canção
Que eterniza a solidão
Mas nela a tristeza é celebrada com emoção

Por favor, tristeza, deixa eu te dar aqui um abraço
Você que nos últimos tempos me deu régua e compasso
Me ensinou na secura da vida um sentido encontrar

Vá em paz, minha companheira
A chuva já refresca o meu rosto
No meio da chuva o sol até se abriu
Vou beber um drink, chorar mais um pouco
Mas tudo muito sutil
Sabendo que em breve virá me reencontrar

QUASE AMOR

E quem disse que quem não parece amar, não ama?
Eu posso não amar esse seu amor
Que você acha que tem que andar de mãos dadas com a dor
Mas meu amor também tem sabor
Tem labor
Tem o fervor
Tem o pavor
Da não reciprocidade
De querer morrer pela sinceridade
De vagar embriagada pela cidade
Só por não ser compreendida
Ser lida como bandida
Vendida
Num mercado barato
Vende-se uma alma estranha
Que fácil se emaranha
E ama com entrega da vida até o amanhecer
Uma alma estranha
Que fácil se assanha
Que é lida como tacanha
Que ao acordar te promete a vida e toma de volta ao entardecer
Um amor que te dá o mundo num instante
E antes que outras sementes vocês plantem

Espalha os frutos desse amor por aí
E mesmo sem ter pra onde ir
Pousa aqui
Descansa ali
Mas sempre retorna pro teu peito
Pra nesse amor estranho em você se diluir

NOTAS SOBRE A MULHER: CARTA À MINHA FILHA

Desejo que você saiba que hoje é lida socialmente como menina, mas você pode discordar disso e tá tudo bem.

Desejo que você entenda que ser livre é não se ater àquilo que lhe aprisiona, inclusive à minha vontade de te ter sempre aqui.

Desejo que você ame a vida como eu te amo. Um amor que alimenta e ressignifica a existência.

Desejo que você entenda as minhas loucuras e saiba que as suas não precisam ser as mesmas.

Desejo que você tenha as melhores amizades do mundo. Eu posso te provar que é justamente isso que ajuda a manter a gente de pé na vida.

Desejo que você mergulhe em cada experiência que a vida lhe proporciona e tenha os melhores sorrisos.

Desejo que seja feliz sempre que possível. Felicidade é o que se sente em um momento que você deseja que nunca acabe.

Desejo que você siga sempre o que sente, por mais que pareça ter pouco sentido para os outros, se faz pra você, siga.

Desejo que fique atenta aos seus olhares. Vai chegar um momento que seu coração vai bater mais forte por alguém ou por alguéns. Não se importe se é ele ou ela, apenas ame.

Desejo que você nunca finja gozo em nada: na escola, no trabalho, na amizade, no sexo. Se não tá bom deixe a outra pessoa saber, não é só sobre você.

Desejo que não performe doçura se estiver com ódio do mundo. Que não performe delicadeza se você for braba. Desejo que você seja exatamente você e saiba que isso vai te custar. Arque com o preço de ser quem é.

Desejo que olhe pra mim e não se cobre em nada. Cada mulher é uma, apesar da doutrinação coletiva social. Você não é a minha continuidade, você é a sua composição particular. Ecoe seu canto no mundo.

CARTA PARA MIM AOS 15 ANOS

- você vai, sim, entrar na faculdade,
- vai ser a primeira doutora da família,
- vai ajudar sua família,
- vai ter uma filha linda,
- vai se aproximar de novas pessoas,
- vai se afastar de outras,
- eu sei que você sonhava com a festa dos 15 anos que não existiu, mas eu guardei seu desejo e te dei uma linda festa dos 30,
- você vai querer ser branca e estar num mundo branco e depois vai se reencontrar com quem vc nem sabia que era,
- você vai sentir vergonha da sua casa, do chão, das paredes, das ausências, mas depois vai entender que é o lugar no mundo mais bonito pq é onde seu coração descansa e é acolhido,
- vc vai idealizar a escola mais bonita do Brasil,
- vai fazer pesquisas, escrever livros, dar palestras, inspirar pessoas,
- você vai sentir pouco medo na vida, pois acha que não tem nada a perder, até ter uma filha,
- você vai cair, levantar, cair, levantar, chorar, sorrir, chorar, sorrir e eu não sei quando isso vai passar pq ainda hoje vc é assim: cheia de altos e baixos,
- você vai casar 3 vezes (até aqui, né?)... pelo menos tem sorte no jogo rs
- você vai ter várias versões, vai ter experiências significativas pro amor e pra dor, mas cada uma delas vai ser fundamental para construir a mulher que hoje você é,
- Como de costume, se lance com coragem. A vida é generosa com quem arrisca,

- Se eu pudesse eu te dava um abraço hoje. Esse seu olhar me diz tanto sobre os nossos processos.
- Amo ser a continuidade do que vc é. Aprendi a ter sangue no olho para enfrentar a vida com você.

Assinado: vc 20 anos depois

CARTA À OUTRA MULHER FODA

Ser foda é sinônimo de ser só, no fundo, no fundo. Quem vai lembrar de perguntar se está bem aquela mulher tão "bem resolvida"?... Tem um monte de incendiários no Instagram "vc é foda", "maravilhosa", "icônica", isso é massa, nos motiva e tal, mas vc vai queimar só na inquisição do seu trabalho, da sua família, das suas relações diversas (inclusive de você com você mesma, tentando compreender a sua não regularidade). Vc se torna a referência exata do que a sociedade ensinou a nós mulheres como não ser. Quem quer associar sua imagem a esse problema? Quando fui candidata a vice-diretora, um professor disse ao diretor "você novamente até tudo bem, mas essa sua vice aí...". Um cara que ficava, certa vez me disse "mando vc mudar pq quero o seu bem, do jeito que se comporta nenhum homem nunca vai respeitar vc", namorados de amigas já disseram "essa fala não é sua, é de Bárbara. Se afaste de Bárbara, ela não é uma boa influência". É solitário quebrar paradigmas. Eu não estou aqui no mundo para ser mártir. Pra simplesmente assumir uma vida de abrir caminhos. Não sou uma mulher à frente do meu tempo... Sou do agora, o tempo é que atrasou sua batida no compasso dessa sociedade tacanha. Muitas vezes me sinto fragilizada como vc. Mas o que me fortalece é saber que eu não negocio a minha existência. Prefiro o conforto da solidão do autoacolhimento das minhas idiossincrasias, à midiaticidade das companhias apagadoras da chama que mantém aceso o brilho da minha vida.

Espero que você fique bem. Espero mesmo, preciso de vc.

Um beijo

CARTA AOS FORMANDOS EM QUÍMICA

Há uma estimativa de que o universo é formado por aproximadamente 1 trilhão de galáxias. Desse volume incomensurável de galáxias habitamos na Via Láctea, uma galáxia formada também pelo nosso sistema solar, que é composto, dentre outros corpos celestes, por uma estrela de quinta grandeza e oito planetas, dentre eles o planeta Terra, que é o quinto maior destes. A Terra diante da infinitude do universo se assemelha à cabeça de um alfinete lançada nos oceanos. É um nada. E é nesse grande nada que vivemos nós, que somos menos, muito menos que um nada, com os nossos conflitos, com os nossos sonhos, com os nossos anseios, com a nossa ciência. Com a nossa ciência que é desenvolvida por homens e mulheres (cis ou trans) que buscam dar conta do universo com as suas leis e teorias... Veja que presunção: a meta da ciência é explicar o infinito. Obviamente uma meta extremamente limitada à efêmera porção do mundo a que temos acesso. Mesmo assim, lá estamos nós desenvolvendo aceleradores de partículas, pesquisando a cura do câncer, manipulando o DNA, sintetizando novos antibióticos ou até mesmo descobrindo buracos negros que criam pontes de acesso a outros universos... sem nem sequer deste termos dado minimamente conta, mas já queremos adentrar em outras dimensões. Este é o ser humano, o ser mais inventivo e ao mesmo tempo autodestrutivo que este planeta já viu.

Hoje estamos aqui formando cientistas químicos e professores de química, pessoas destinadas à produção científico-tecnológica e à socialização desta ciência para as novas gerações por meio de um importante complexo social chamado escola. E a primeira lição da noite de hoje é que esta é a função de vocês: desenvolver e socializar esta ciência. Isto parece óbvio, mas precisa ser enfatizado em uma sociedade onde as profissões perderam os seus valores ontológicos e todas se resumem a se curvar diante do grande poderoso deus contemporâneo: o dinheiro. É claro que não pagamos as contas com um punhadinho de amor, mas se a sua profissão se resume ao seu salário, você corre o risco de ser feliz apenas no dia que este entra na conta e passar um resto do mês contando os segundos para que os outros 29 dias passem rapidamente, sem se dar conta que com esses miseráveis dias passa-se também a sua vida. Não caiam nesta armadilha hodierna, os nossos tempos nos ensinaram que somos o que temos, mas somos muito mais que isto. Somos amor, somos poesia, somos desejo, somos sonhos, somos paixão, somos alegria, somos beleza, somos tantas coisas que nem conseguimos em milênios de existência e de filosofia dizer quem somos nós. Mas hoje nos resumiram ao que temos e nos disseram que somos por natureza egoístas, parece até verdade porque quando você estava extremamente preocupado e ansioso com a escrita do seu TCC, ele parecia ser a coisa mais importante desse universo de 1 trilhão de galáxias, de modo que o mundo parecia que ia até acabar diante de todas aquelas noites de sono perdidas... e pouco importava o massacre na Síria, o Golpe no Brasil, a fome na África, o estupro da Beatriz pelos 33, onde estava Amarildo, Joel, ou o que de fato aconteceu com Cláudia, ou o "golaço" dos 13 do cabula. O que importava realmente era o seu TCC e eu não te julgo por isso, pois este mundo nos ensinou a sermos assim... a acharmos que o sistema solar gira em torno do nosso umbigo. Segunda lição do dia de hoje para quando vocês saírem por aquela porta: olhem sempre para os lados! Não estamos sós neste mundo e nem tampouco carregamos as maiores dores dele.

Eu sei que às vezes parece que não vamos aguentar, as cobranças são intensas; abraçamos sonhos e metas que nem sempre são nossos e somos constantemente coagidos a chegarmos lá, sem nem saber se realmente esse "lá" existe ou quem de fato chegou, pois a loucura desta sociedade é deixar a meta em aberto e quando alcançamos a meta, eles dobram a meta. Nos dizem que precisamos nos formar numa faculdade, mas quando nos formamos nos dizem que precisamos de um bom emprego, mas quando conseguimos um emprego ele nunca é bom o bastante... ou dizem que após a formatura precisamos de um mestrado, mas quando concluímos já nos cobram o doutorado, e quando este terminamos, nos cobram a aprovação no concurso, e quando somos aprovados nos cobram que sejamos pesquisadores 1A, e que a cada ano publiquemos mais e mais artigos... ainda nos cobram que casemos e quando casamos nos cobram o filho, e quando temos o filho nos cobram o segundo... a lógica é correr atrás do inatingível, por isso somos uma sociedade doente, depressiva, ansiosa, suicida. Terceira lição da noite de hoje: isso aqui não é a sua vida, isso aqui é uma parte dela... que vida miserável é uma existência que se resume a trabalhar o dia todo para a noite dormir e no próximo dia começar tudo outra vez... de que vale ter um universo com 1 trilhão de galáxias se você não tem tempo de parar por uma noite e contemplar as estrelas, ou se maravilhar com a infinitude do mar, ou ir andando lentamente para casa tomando um banho de chuva. Trabalhem, amem, errem, recomecem, sintam, transem, sonhem!

    Reservo-me o direito de ser chata nessa noite porque conheço e amo a cada um de vocês, digo-vos coisas que eu não tenho intimidade de dizer a quaisquer pessoas. Quero que vocês sempre se recordem que a vida é o único espetáculo em que ensaio e apresentação se confundem, não desperdicem suas existências com aquilo que efetivamente não tem significância para vocês, pois não há espaço para segunda chance, porque o tempo passa e a cada nova fração de segundo nem nós nem o rio somos mais os mesmos.

O ÚLTIMO ANIVERSÁRIO

Hoje é aniversário do meu irmão Dudu, conhecido pelos íntimos por Dudu Perereco. Cresci ouvindo a galera chamar lá na porta "Eduardooo". Mas seu nome é Emerson.

Ele era diferente de Milo. Milo era o irmão tipicamente mais velho, me caçava no samba prego duro e no samba arrojado no largo do farol pra eu voltar pra casa, não me deixava brincar de garrafão com os amigos dele, dizia que eu era pequena e tal.

Dudu, não. Me ensinou a jogar gude, a empinar arraia. Me botava pra assistir vídeos de Garrincha e Djalminha pra eu aprender os dribles, me apresentou os imortais (Veloso, Edmundo, Evair, Rivaldo, Edilson, Zinho...), vi com ele todos os jogos do time do Palmeiras em 1993 e 1994. Ele também me ensinou a gostar de samba, me apresentou Arlindo Cruz e Sombrinha, Fundo de Quintal, Jorge Aragão, vi o surgimento do grupo Revelação com ele...

O rei dos bordões, um senso de humor ímpar. Me ensinou que a inteligência da vida tá no quão leve conseguimos transformar ela... Quando ele queria me mandar procurar o que fazer, ele me mandava procurar uma vaga no metrô; quando ele queria dizer que alguém não era ninguém ele me perguntava "já jogou aonde esse aí?"; quando ele queria dizer que não era servente de ninguém ele dizia "não tô aqui pra amassar barro pra faraó". Sagaz, inteligente, parceiro, engraçado. É assim que lembro de meu irmão Dudu, que há 10 anos está no alcoolismo.

Espero pelo retorno da sua saúde, meu irmão. Amo vc e como você mesmo me ensinou "O show tem que continuar...".

CARTA PÓSTUMA AO MEU IRMÃO

Hoje você faria 39 anos. Faz pouco mais de 1 mês que eu estou naquele mesmo piloto automático que o seu humor e sua sensibilidade me salvaram há tempos.

Recebi a mensagem da sua partida no grupo do zap da família, levei um choque, a lágrima desceu, mas calmamente peguei a guia dos cachorros pra descer pra passear, pois eu sabia que seria um longo dia. Na sequência fui pra Fazenda Grande pra ter certeza. Entrei em casa e vi o seu corpo frio e estático estirado no chão. Caíram mais algumas lágrimas silenciosas. Eu fui a única da família que não dei nenhum escândalo (me envergonho disso). Fiquei com essa cara de braba com meus óculos escuros o dia todo. Cara de quem dizia pra todo mundo que chegava: «é a vida». Fui eu que levantei a grana do enterro, organizei o funeral, avisei aos parentes, consegui o ônibus pra levar a vizinhança, informei contato por contato dos vizinhos (uma exigência do ônibus), escolhi no guarda-roupa o traje do seu enterro, chamei os vizinhos pra colocar seu corpo no caixão, acertei o pagamento na ADM do cemitério, carreguei junto com os vizinhos seu caixão, fui eu que puxei o samba no seu funeral. Tudo isso nesse piloto automático que estou há mais de um mês. Perdi o maior companheiro da minha infância, mas de noite estava correndo e no dia seguinte malhando e dançando, como quem diz:

"Socorro, não estou sentindo nada
Nem medo, nem calor, nem fogo
Não vai dar mais pra chorar
Nem pra rir".

Minha psicóloga ontem me disse, "Bárbara, desague". Eu disse: "eu não sei mais"... E a gente ficou meia hora em silêncio olhando uma pra cara da outra.

Há dez anos estaríamos fazendo um samba. Há um ano eu estaria indo te levar um bolo de aniversário do Vitória e uma máquina de cortar cabelo que vc me pediu. Hoje eu estou aqui com a sensibilidade de quem nem liga que tá no SPC, de quem se apaixona sem reciprocidade e tá tudo bem, de quem as pessoas falam mal e eu digo tá tudo certo.

Acho a vida um bagulho difícil, mas sigo aqui. Uma hora recupero tudo que vc me ensinou e vou continuar fazendo bonito por nós dois. Te amo, Dudu Perereco.